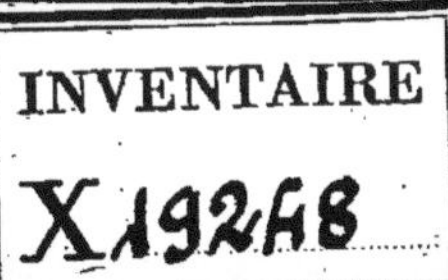

AF317146

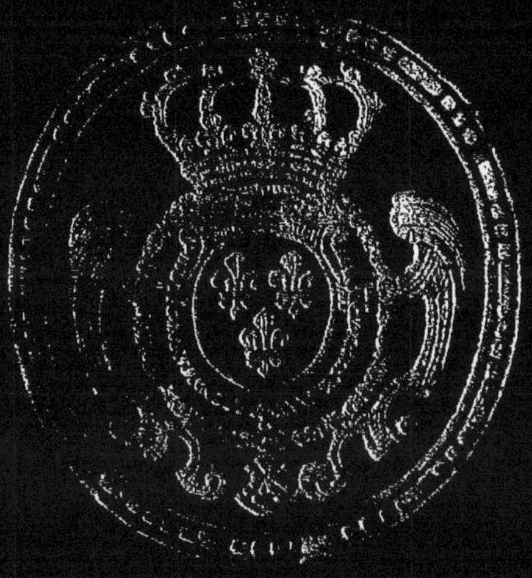

DISCOURS

SUR LA PEINTURE

ET

SUR L'ARCHITECTURE,

DÉDIÉ

A MADAME

DE POMPADOUR,

DAME DU PALAIS DE LA REINE.

DEUX PARTIES.

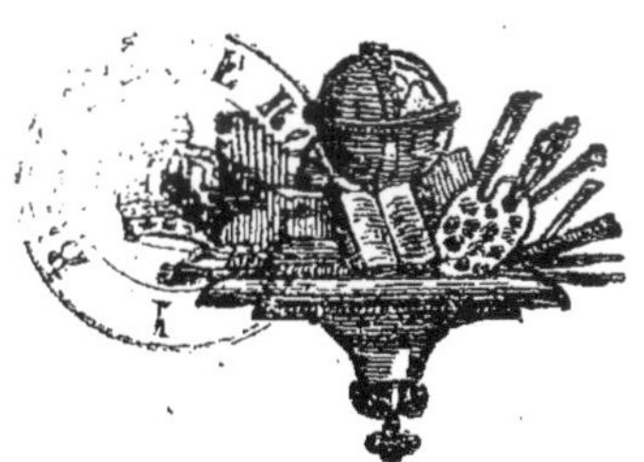

A PARIS,

Chez PRAULT pere, Quay de Gêvres,
au Paradis.

M. DCC. LVIII.

Avec Approbation & Privilége du Roy.

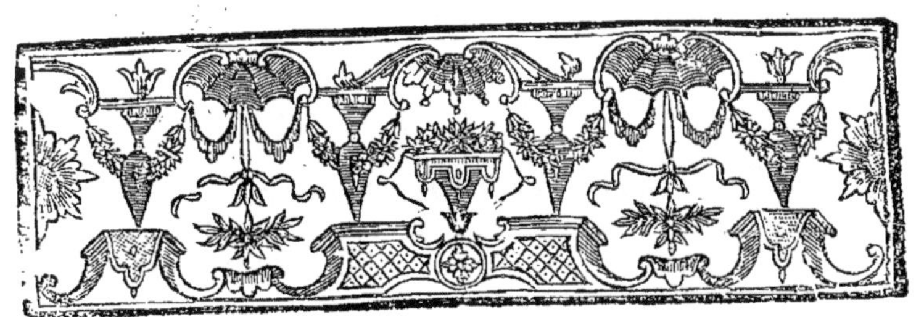

ÉPITRE

A MADAME
DE POMPADOUR,

DAME DU PALAIS DE LA REINE.

MADAME,

Vous aimez les Arts, vous les cultivez par goût & vous les protegez avec connoissance, c'est ainsi que vous préparez ce haut dégré de perfection auquel ils sont si près d'atteindre ; vous estimez les Grands Hommes, dont les talens supérieurs concourent à fixer une si belle époque, & l'estime dont vous les

a ij

honorez, est un prix qu'il est du devoir de leurs Eléves d'ambitionner.

Ces beaux Arts, dont le charme & les graces font une partie de vos amusemens, la Peinture & l'Architecture, ont été l'objet de mes réfléxions. J'ose, MADAME, vous en présenter l'essai. J'avoue qu'à mon âge, on n'est éclairé que par le sentiment & qu'on n'est guidé que par l'émulation; je sçais que la solidité & la profondeur sont réservées à la seule expérience, qui ne peut être que le fruit des années; mais ce sont autant de motifs de confiance pour moi. J'espére que vous recevrez, avec bonté, cette marque du zéle & du respect, avec lesquels je suis,

MADAME,

Votre très-humble
& très - obéissant
Serviteur,
DU PERRON.

PRÉFACE.

E Public est presque toujours trop flatté ou trop peu ménagé ; c'est un Juge dont on veut corrompre l'équité ou dont on méprise les arrêts.

J'ai lû des Préfaces que la bassesse avoit dictées, j'en ai lû qui ne respiroient que la rudesse & que l'esprit d'indépendance.

J'ai vû des Auteurs assez foibles pour tomber aux pieds des Lecteurs & pour mandier leurs suffrages ; j'en ai vû d'assez fermes pour paroître insensibles à tous les applaudissemens & d'assez présomptueux pour défier la critique la plus sévére : peu se montrent assez sages pour éviter l'une & l'autre extrémité. Pour moi, je l'avoue, je suis trop Philosophe pour imiter les premiers, & je le suis trop peu pour agir comme les seconds. Je ne demande point de protection pour mon Ouvrage, s'il est passable on ne le négligera pas : je serai content, s'il est judicieusement critiqué. Je desire des éloges, mais je ne les demande pas, je les veux mériter. J'ai pour maxime de respecter le Public sans le craindre, j'aspire uniquement à lui plaire; ai-je réussi? J'en doute : au reste, j'ai dit dans ce Discours plusieurs choses incontestablement vraies, celles - là ne pourront pas déplaire, car en matiere de beaux Arts, la vérité n'a rien d'offensant; j'en ai dit quelques-unes d'arbitraires, mais je change d'avis, si l'on me montre que je me suis trompé; je puis même promettre que je ne serai pas difficile à convaincre, si l'on m'offre des raisons.

Mon style va décéler mon peu d'expérience ; on trouvera sans doute ma diction sans nerf, mais je réponds qu'il est plus facile, d'appercevoir des défauts que de les réformer. Nos meilleurs Auteurs ont commencé de bonne heure leur carriére, que l'on compare leurs premieres productions, enfans de leur imagination, avec celles qui ont été le fruit de l'habitude ; quelle différence ne s'offre point ! A vingt ans ils ont recherché les Peintures brillantes, les jeux de mots & de pensées, & toutes les fleurs de l'élocution : dans un âge plus mûr, ils ont mis plus de grandeur dans leurs idées, plus de noblesse dans leurs images, plus de force dans leurs expressions. Que ne puis-je espérer d'imiter ces grands Modéles dans leurs progrès ! Mais des talens si précieux ne font pas le partage de tous les hommes ; si l'envie de se distinguer,

& la paſſion la plus décidée pour la gloire, étoient toujours ſuivies d'un heureux ſuccès, je pourrois me flatter de voir bien-tôt cette nuit ſe changer en un beau jour : maintenant mon ſeul mérite conſiſte dans le deſir d'en acquérir : quel bonheur pour moi, ſi quelque réuſſite couronne un jour mes ſouhaits ! Alors je pourrai joüir du plaiſir le plus flatteur que puiſſe goûter un Citoyen, en ſervant ma Patrie.

DISCOURS

DISCOURS

SUR LA PEINTURE

ET

SUR L'ARCHITECTURE.

PREMIERE PARTIE.

Abregé hiſtorique de la PEINTURE *& de* L'ARCHITECTURE.

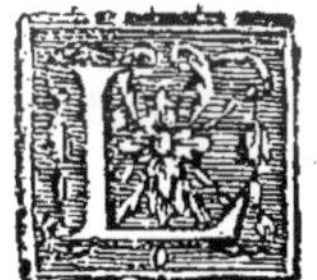

'ARCHITECTURE * a précédé de beaucoup la Peinture. Fille de la néceſſité, ſon origine ſe confond avec celle du monde

* Si l'on veut avoir un détail plus circonſtancié de l'origine de l'Architecture, on peut ouvrir le nouvel Eſſai qui a fait tant de bruit. Cet Ouvrage eſt écrit avec grace, l'Auteur (a) par la parure & par les charmes d'un ſtyle délicat, a ſçu rendre intéreſſant un Art que les François regardoient avec trop d'indifférence.

(a) M. l'Abbé Logier.

A

& fe perd dans la nuit des temps. Sa naiffance a dû fuivre de près celle des premiers Habitans de la Terre. En effet, l'homme nud, ou legérement couvert de quelques vétemens qui n'étoient pas les fiens, fe vit expofé à l'inclémence des élémens. L'air fut un ennemi invifible qui l'attaqua fans ceffe. Sa fenfibilité, en lui procurant quelques plaifirs, ne lui laiffa pas ignorer la douleur. Ses organes furent autant de portes ouvertes par où elle entra chez lui. Les bêtes féroces méconnurent fouvent leur Souverain & lui firent la guerre. Ce Roi ne trouva prefque toujours dans les autres animaux que des fujets rebelles, qui briferent fon fceptre & foulerent à leurs pieds fon trône. Dans cette pofition critique, fon induftrie le fecourut. L'Architecture vint s'offrir à lui, elle donna des forces à fa foibleffe ; le dirai-je ! A la honte de l'humanité, elle défendit les hommes contre les hommes ; comme eux, elle étoit fans régles, fans loix & fans principes ; informe dans ses commencemens , enveloppée de nuages , elle marcha long-tems dans le silence & dans l'obscurité , long-tems ses pas furent timides & incertains , plus d'une fois éloignée de son midi , elle se vit à son couchant.

La maniere de bâtir des Prédiluviens nous est totalement inconnue. Le Déluge en noyant l'espéce humaine , n'a laissé à sa postérité aucun vestige de ses Arts , il les a plongés entierement dans le néant. L'Architecture recommença donc une nouvelle enfance , avec elle commença aussi l'usage de tracer des figures par le moyen des couleurs.

L'Histoire nous parle d'un monument que construisit avant de se disperser la famille trop nombreuse de Noë. Cette Tour de Babel , ce vrai monstre , cet ouvrage de tant de mains, n'offrit que de la confusion & du désordre. Cependant l'art de bâtir sembloit peu à peu prendre quelque forme & faire , quoiqu'avec lenteur , quelques progrès. A mesure que les peu-

ples se polissoient, que l'esprit de
l'homme s'élevoit & ajoutoit à ses connoissances des connoissances nouvelles, les beaux Arts prenoient le même
vol & fructifioient dans différens païs ;
mais ou ces fruits dégénererent ou ils
périrent avant leur maturité. Cette Ba-
bylone si réputée pour ses murailles &
ses jardins suspendus que fit faire Sémi-
ramis ; n'eut rien que n'égalât ou même ne surpassât l'Egypte. Cette heureu-
se contrée qu'arrose & fertilise le Nil,
est le vrai berceau des Arts & des Sciences ; ils y furent en honneur, mais ne
parvinrent cependant pas à la perfection où depuis les a portés l'industrieu-
se Gréce.

Peu sensibles au goût & à la délica-
tesse, les Egyptiens sembloient vou-
loir ne s'immortaliser que par la grandeur de leurs projets. On ne voyoit
chez eux que des Bâtimens & des Peintures, enfans du caprice & du hazard.
Ils bâtissoient & peignoient, mais sans
l'ordre, sans la justesse, sans la préci-
tion qui caractériserent les Grecs. Les

Peintures des Egyptiens , telles qu'on les voit par leurs hiéroglyphes , leurs édifices , tels que nous les repréfentent encore leurs immenfes pyramides paroiffoient deftinés à donner aux peuples voifins une idée de la grandeur & de la puiffance de l'Egypte ; en un mot les Egyptiens que nous vantons tant , que nous fommes fi fouvent tentés de regarder comme nos modéles , furent plus entreprenans qu'habiles , plus artifans qu'artiftes. Cependant il faut l'avouer , ils ont eu la gloire d'inftruire les autres Nations , ils formerent les Grecs , mais les éleves laifferent leurs maîtres bien loin derriere eux. Revenu de fa captivité , le peuple chéri porta dans la Judée les Arts qu'ils lui communiquerent , cette fuperbe Jérufalem leur doit tout le luftre qu'elle eut , & cet augufte Temple , dont la dédicace faite par Salomon , fut accompagnée de tant de pompe , quoique conftruit par les mains des Juifs , n'en étoit pas moins l'ouvrage des Egyptiens. Enfin du fein de l'Egypte eft

A iij

parti cet éclair qui chaſſa les ténébres d'Athénes, & produiſit cette vive lumiére qui parut dans toute ſa force & dans tout ſon éclat, ſous les gouvernemens des Thémiſtocles, des Cimons & des Péricles. Tems à jamais mémorables où après les glorieuſes journées de Marathon, de Salamine & de Platée, l'on vit éclôre le germe des divers talens, par la protection ſinguliére que leur voüerent tour-à-tour ces grands hommes.

Aléxandre régnoit. Ce Prince né pour être alternativement le fléau & le bienfaicteur des Arts, réuniſſoit des paſſions, qui d'ordinaire s'excluent. Il bâtiſſoit Aléxandrie, lorſqu'il renverſoit les murs de Tyr; d'une main il égorgeoit les Perſes & les Indiens, & de l'autre il careſſoit les Artiſtes. Appelle * ce Peintre ſi fameux avoit toute ſa faveur, ſeul il jouiſſoit du

* » *Edicto vetuit, ne quis ſe præter Apellem,*
  » *Pingeret, aut alius Lyſippo duceret æra*
  » *Fortis Alexandri vultum ſimulantia* . . . .
         Horace, Épît. 1. Liv. 11.

privilége d'animer la toile de ses
traits. Lysippe avoit le droit exclu-
sif de le représenter en bronze. La
Macédoine gouvernée par ce Conquérant florissoit & les autres Villes de la Gréce brilloient de toutes parts par les Chef - d'œuvres
qu'elles receloient. Alors parurent
avec les trois ordres , le Dessein & le
Coloris , & les colonnes Corinthiennes par leur élégance & par leur richesse , servirent de concert , avec ce
que la Peinture a de plus majestueux ,
à décorer les Palais des Souverains ,
à embellir les Temples élevés en l'honneur des Dieux. Ceux de Delphes &
d'Ephése , offrirent ces deux Arts dans
toute leur splendeur.

Soyez toujours présent à notre mémoire , soyez à jamais célébré dans nos
Fastes , âge heureux de la Gréce ! Si la
France maintenant compte quelques
Artistes dont elle s'honore , la France
vous les doit , vous n'avez préparé la
gloire de l'Italie que pour faire la nôtre , c'est un dépôt qu'elle nous a transf-

mis avec fidélité, vous découvrez encore à nos Peintres & à nos Sculpteurs les myſtéres de leur Art, & nos
Architectes ne croyent mériter des
éloges qu'en tâchant de vous imiter.
Age heureux de la Gréce, vous avez
poli les vertus farouches de nos ancêtres & notre Nation vous eſt redeva-
ble de cette aménité qui la rend ſi
délicate & ſi aimable.

Le flambeau qui porta le jour à
Rome & qui nous éclaire, ne bril-
loit alors que dans la ſeule Gréce. Le
reſte de la Terre avoit les yeux fermés & laiſſoit incultes les Arts même
les plus néceſſaires & les plus indiſ-
penſables. La barbarie régnoit impé-
rieuſement, elle enchaînoit les autres
hommes. Tout rampoit aſſervi à ſes
loix capricieuſes.

Je vous excepte ſeul, peuple * ſa-

* Long-temps avant les Grecs & les Romains,
la Juſtice gouvernoit les Chinois. Chez eux le droit
de la naiſſance, (droit ſi injuſte & ſi déraiſonnable)
le cédoit au mérite. Les Sçavans étoient accueillis,
les Artiſtes jouiſſoient de la plus grande conſidéra-
tion, & les lettrés poſſedoient les premieres digni-

ge & conftant, qui avez fondé un fi vafte & fi puiffant empire aux extré- mités de l'Orient. Chez vous les Arts ne connoiffent point de commence- ment, chez vous ils n'ont point été fujets aux révolutions qu'ils ont éprou- vés dans l'Europe, vous les avez con- nus & chéris avant elle, & lorfqu'elle les a cultivés, vous avez balancé fes fuccès & vous lui avez toujours dif- puté l'honneur de la réuffite.

Les Romains depuis fi jaloux des productions de l'efprit, fi amoureux de ces Arts purement agréables, qui remuent le cœur avec tant d'empire & flattent les fens avec tant de dou- ceur ; les Romains * alors languiffoient

tés de l'Empire. Ils les poffedent encore, & l'on ne croit pas à Pékin que les talens foient incompatibles avec l'adminiftration publique.

* » *Excudent alii fpirantia mollius æra :*

  » *Credo equidem, vivos ducent de marmore vultus*

. . . .

. . . .

  » *Tu regere imperio populos, Romane, memento*

  » *(Hæ tibi erunt artes) pacifque imponere morem ;*

  » *Parcere fubjectis, & debellare fuperbos.*

D'autres peuples plus induftrieux feront refpirer

& ne connoiſſoient d'autre gloire que celle qui s'acquiert les armes à la main, & d'autre plaiſir que le plaiſir inhumain de voir couler le ſang. Nés ambitieux, ils aſpiroient à la Monarchie univerſelle & ne ſongeoient qu'à cueillir les fruits que leur préſentoit ſans ceſſe la victoire. Guidés par le ſeul zéle du patriotiſme, ennyvrés de la ſeule poſſeſſion de cette renommée, qui eſt le prix des exploits militaires, ils ne penſoient qu'à ceindre leurs fronts de lauriers enſanglantés. Tant qu'ils eurent leurs Rois, ils négligerent les Arts, qui ne produiſirent des fleurs que vers la fin de la République ; encore dédaignerent-ils de s'y appliquer, & ſi l'on vit chez eux des ouvrages d'une belle exécution, ils en eurent l'obligation à des Artiſtes qu'ils appelloient de la

l'airain, & ſçauront animer le marbre : . . . .
. . . .
pour toi, Romain, ſonge à ſubjuguer & à régir les Nations. C'eſt à toi de faire la guerre & la paix ; de pardonner aux peuples ſoumis, & de dompter ceux qui te réſiſtent. Tels ſont les Arts qui te ſont réſervés.

Virg. Eneid. Liv. 6.

Gréce, ou à leurs Esclaves qu'ils faisoient travailler. On encourageoit ces
derniers, par la promesse de les faire
libres s'ils triomphoient de tous les
obstacles. Ce penchant si invincible
qu'inspire la nature pour la liberté,
leur élevoit le courage; l'espérance de
sortir d'esclavage leur faisoit faire des
efforts victorieux. Devenus citoyens
à leur tour, ces nouveaux affranchis,
donnerent à l'inclination ce que l'in-
térêt exigeoit d'eux auparavant.

Ce fut le temps que la jeunesse Romaine alla étudier à Athênes, retour-
née dans sa patrie, elle y apporta des
trésors jusqu'alors inconnus, & de ces
richesses qui se partagent sans rien perdre & se communiquent sans s'affoi-
blir. L'esprit des beaux Arts devint
peu à peu l'esprit de Rome, la tendre
humanité vint habiter ses murs & le
commerce * de la Gréce la fit sortir
insensiblement de cet état barbare où

---

* » *Gracia capta ferum victorem capit, & artes*
» *Intulit agresti Latio : . . . .*
Horace, Ép. 1. Liv. 11.

depuis long-temps elle étoit plongée, & dont elle sembloit ne devoir jamais se relever. Mais dès-que l'Asie fut soumise, des mœurs douces & tranquilles, succéderent à une vie agitée & remplie de troubles. L'aveugle férocité fit place au vrai courage, & l'on vit les Romains, échauffés d'une plus noble ambition, s'efforcer de devenir les rivaux des Grecs, chercher même à les surpasser. Ils firent en effet de nouvelles découvertes; l'Architecture ne fut plus limitée aux ordres Dorique *,

* L'ordre Dorique est le plus proportionné selon la Nature.

On en attribue l'invention aux Doriens, peuples de la Gréce.

La colonne Dorique ne doit avoir aucun ornement sur sa base, ni dans son chapiteau, quelquefois même elle n'a point de base, comme on peut le voir au Temple de Marcellus à Rome. Sa hauteur est de huit diamétres; cet ordre est majestueux & solide, & ne doit s'employer que dans les grands Bâtimens. L'entablement en est plus massif que celui d'aucun autre. Sa corniche n'admet point de feuillages ni d'autres ornemens trop recherchés. Si l'on y met des modillons, il faut qu'ils soient quarrés & unis. La Frise a pour ornement des trigliphes, les métopes qui sont les espaces contenus entre les trigliphes, doivent être exactement quarrés. L'architrave n'a aussi que des ornemens simples, ou plûtôt elle n'en a

Ionique & Corinthien ; le Tofcan &

qu'un feul qui lui eft particulier : ce font des efpéces de gouttes qui pendent des trigliphes, & qui femblent y être attachés.

Cet ordre eft extrêmement difficile à accoupler. Le fût de la colonne eft quelquefois cannelé, comme on le voit au Portail de S. Gervais, quelquefois boffagé, comme au Luxembourg, & fouvent uni comme au Palais Royal à Paris.

L'ordre Ionique tire fon nom de l'Ionie, Province foumife aux Athéniens, qui paffent pour les inventeurs de cet ordre ; c'eft pour cette raifon qu'on l'appelle auffi ordre Attique.

Il eft un peu plus compofé que le Dorique, & il tient le milieu entre cet ordre & l'ordre Corinthien. La colonne Ionique a de hauteur neuf de fes diamétres. Ce qui diftingue particuliérement l'ordre Ionique, c'eft qu'il a des volutes ou cornes de Bélier à fon chapiteau ; & que le fût de fes colonnes eft ordinairement cannelé. Elles ont communément vingt-quatre cannelures, quelquefois ces cannelures font mêlées de baguettes ou bâtons ronds au bas de la colonne, à la différence du haut, qui eft ftrié & cannelé en creux, fans autre ornement. Sa corniche a des denticules. Quelques gens croyent que les proportions de la colonne Ionique, font prifes fur celles du corps des femmes, les proportions de la colonne Dorique, fur celles du corps des hommes, & les proportions de la colonne Corinthienne, fur celles du corps des filles.

L'ordre Corinthien inventé par Callimachus, Sculpteur Grec, eft le plus riche, le plus élégant & le plus délicat de tous. Sa colonne a dix diamétres de hauteur ; fon chapiteau a d'ordinaire deux rangs

le Composite furent employés pour la

de feuilles & huit volutes ; sa corniche est ornée de modillons : au reste, l'ordre Corinthien n'a point d'ordonnance propre pour sa corniche, pour son chapiteau ni pour sa frise. Il prend ses modillons des trigliphes du Dorique, & il tient de l'Ionique, la sculpture & les ornemens de sa frise & de sa corniche. Ce qui le distingue essentiellement des autres ordres, c'est la hauteur de sa colonne, qui, comme je l'ai dit, a dix diamétres, & le double rang de feuilles de Palmier ou d'Acanthe qui ornent son chapiteau.

Cet ordre a souffert dans tous les temps de grands changemens & de grandes variations.

Entre plusieurs Edifices antiques de l'ordre Corinthien, les plus considérables, furent le Temple de Jupiter Olimpien, à Athênes : le Temple de Venus, dans l'Isle de Chypre : celui de Minerve, en Arcadie : le Panthéon, le Temple de la Paix : celui du Soleil, près du Tybre : la Basilique d'Antonin : les trois Colonnes qui restent du Temple de Jupiter tonnant : les deux autres du haut du Colisée : l'Arc de Constantin, & quelques autres qu'on voit à Rome & en d'autres lieux.

L'ordre Toscan est le plus simple de tous les ordres d'Architecture.

Les colonnes Toscanes avec leur base & leur chapiteau, ont de hauteur sept diamétres de leur grosseur, prise par en bas : le haut, ainsi qu'aux autres ordres, doit être diminué d'un quart de son diamétre. Le piédestal est aussi simple que la colonne. La base a un demi diamétre de haut.

L'ordre Toscan fut inventé dans la Toscane. Ces peuples extrêmement jaloux de leur liberté, d'ailleurs ennemis déclarés des Grecs, imaginerent un genre de bâtir différent de celui de cette Nation. Les Tos-

premiere fois. La Peinture connut auſſi

cans ont toujours eu dans leurs Bâtimens une maniere ſimple & ſolide, que les Romains ont imités dans certains genres d'Edifices où elle étoit convenable, comme à un Pont antique de Rome, au lieu de la ſépulture d'Adrien, aujourd'hui le Château Saint-Ange, au Temple d'Antonin & de Fauſtine, à la porte majeure, à celle de S. Laurent hors des murs, & à pluſieurs autres Edifices, ſoit dans Rome, ſoit en d'autres Villes, tels que le Pont de Rimini ſur le Rubicon, & les deux de Vicene ſur les Fleuves Reſtone & Bacchiglione, outre le grand Amphithéâtre de Reſtone, & pluſieurs autres.

L'ordre Toſcan n'eſt guéres d'uſage que dans les Bâtimens ruſtiques ou dans les Edifices qui demandent une extrême ſolidité, comme les Portes de Villes de guerre, les Orangeries, les Fontaines, &c.

L'ordre Compoſite eſt ainſi appellé, parce qu'il eſt un compoſé de l'Ionique & du Corinthien, dont il raſſemble les ornemens. Sa colonne a pour hauteur dix de ſes diamétres. Son chapiteau eſt orné de deux rangs de feuilles, comme la colonne Corinthienne & de volutes angulaires, comme l'Ionique.

L'ordre Compoſite ſe met ordinairement & mal à propos ſur le Corinthien. La premiere loi de l'Architecture eſt celle de la ſolidité : c'eſt violer ouvertement cette loi, que de faire porter le plus fort par le foible, mais l'uſage le veut ainſi, & l'uſage eſt un tyran, dont perſonne n'oſe ſecouer le joug. Il ſeroit mieux, pour couronner l'Edifice, de faire choix de l'un de ces deux ordres, qu'on éleveroit ſur l'Ionique, qui ſeroit porté à ſon tour par le Dorique & ainſi par gradation, comme Desbroſſe l'a pratiqué au Portail de l'Egliſe de S. Gervais à Paris.

Les Romains ſont les inventeurs de cet ordre, que l'on nomme auſſi pour cette raiſon, ordre Romain.

Diction. de l'ein. & d'Architect.

de nouvelles beautés. Ce fut sous le second des Céfars que ces deux Arts fe
firent voir revétus de toutes leurs graces, parés de tous leurs charmes. Mécène dont le nom vivra tant qu'ils feront honorés, Mécène cet illuftre protecteur des Talens, leur prêta son appui & favorifa de toutes fes forces leur
progrès. Ils ne naiffent, ne croiffent,
ne fleuriffent qu'auprès du Trône. De
tout temps les Souverains ont fait leur
deftinée. D'un coup d'œil, ils les élévent ou leur portent un coup mortel.
Augufte les accueillit, les aima, ren-
dit aux Arts leur premier luftre, dé-
cora le Capitole & éléva ces magnifiques Monumens, qui nous frappent
encore d'admiration & dont les reftes
précieux ont encore pour les connoif-
feurs de nouveaux attraits.

Rome, dont le deftin étoit de tout
dompter & de faire refpecter par-tout
fes Loix, Rome déploya fes étendarts
dans la Gréce & la mit au rang de fes
Provinces. Les dépouilles d'Athênes,
de Thodes, de Sicyone & de Corin-
the

the devinrent ſes plus beaux ornemens & ajoutérent infiniment à ce qu'elle poſſédoit déja : alors cette Capitale du monde changea totalement , elle s'étonna de ſe voir ſi différente d'elle-même.

Dans la ſuite cet éclat ſe ternit : Phocas n'arrache à Maurice les rênes du gouvernement, que pour les laiſ-ſer échapper de ſes mains , que pour les voir paſſer dans celles d'Héraclius.

L'Empire diviſé , déchiré au dedans par ſes propres Citoyens , devient la conquête des Habitans du Nord ; ſui-vis par-tout de la deſtruction & du car-nage , ces peuples le ravagent, en font éclipſer la gloire pour un tems , & comme une flamme rapide , ils ne laiſ-ſent après eux que de triſtes débris & des cendres.

Qu'allez-vous donc devenir , Arts charmans , qui faiſiez dans des tems plus propices , les plaiſirs les plus doux & les délices des Romains ? Effrayés par ce torrent impétueux qui ménace de tout inonder , vous cherchez des

B

climats plus favorables ; mais en quels lieux fuirez-vous ? Par toute l'Europe également persécutés , vous n'avez d'autre reſſource que les entrailles de la terre ; demandez-lui un aſyle , moins cruelle que ces Nations deſtructrices , elle vous ouvre ſon ſein : dérobez au fer & au feu ce qu'ils n'ont point encore moiſſonné , & cachez à tous les yeux ces Statues mutilées , ces Tableaux à moitié conſumés & ces Temples renverſés & preſque détruits ; là attendez avec tranquillité , que la tempête élevée contre vous s'appaiſe , l'orage va bien-tôt ſe diſſiper , déja le calme renaît , amis de la liberté & de la paix , reparoiſſez avec elles.

En effet , on découvrit ces ruines , Rome ſe retrouva ſous Rome même : cette époque eſt fixée par le régne de Mahomet II ; ce Deſpote cruel étoit alors aſſis ſur le Trône des Sultans , ſon cœur étoit alteré de ſang , ſon ame féroce étoit tourmentée par la ſoif des conquêtes. Il part d'Andrinople , la victoire l'accompagne , la terreur le précéde, la mort le suit, tout l'Orient retentit du bruit de son tonnerre, les remparts de Constantinople tombent, Constantin Paléologue meurt, l'Empire Grec a été.

Les Arts fuirent sur l'aîle de l'Aigle Romaine & vinrent fixer leur séjour dans l'Italie; les Médicis les attirerent à Florence, ils y reprirent une vie nouvelle, tout se perfectionnoit: les Michel-Anges, les Raphaëls, les Jule Romains, les Paul Véroneses, les Guides & les Titiens parurent, ils remplacerent les meilleurs Peintres de l'antiquité; l'Architecture fut plus belle & plus sublime que dans Rome triomphante; le bon goût s'empara de ses droits usurpés, reprit son empire & s'éleva sur les ruines du gothique qui défiguroit l'Europe entiere.

La Nature, semblable à ces terreins fatigués par plusieurs récoltes abondantes, qu'on laisse sans sémence pour leur faire reprendre de nouveaux sucs : la Nature, dis-je, comme épuisée après avoir produit cette foule de grands

Hommes, sembla se reposer & recueil-
lir ses forces, pour se préparer aux
beaux tems de Louis XIV.

La Gaule conquise par les Romains
& devenue membre de l'Empire, s'é-
toit déja ressentie du voisinage de Rome & de l'influence des Arts. Jules
César qui y avoit porté ses armes &
s'en étoit emparé, ne l'avoit quittée
qu'en y laissant des marques de son
goût & de son zéle pour l'utilité publique. Il y avoit bâti des Ponts &
construit de solides chemins. L'Idolâtrie y avoit fondé, par ses ordres, des
Temples pour les Dieux des Gaulois.
Quelques successeurs de César étoient
venus visiter les bords de la Seine ; ils
avoient achevé ce qu'il n'avoit qu'é-
bauché, ou avoient fait de nouvelles
entreprises. Respectés par les tems,
plusieurs des Monumens qu'ils y éri-
gerent, subsistent presqu'entiers, &
Paris montre encore des restes de ce
qu'avoit fait faire l'Empereur Julien,
lorsqu'il étoit venu l'habiter. Fondée
long-tems avant, cette Ville aujour-

d'hui si pompeuse & si belle, alors mé-
diocrement grande, n'avoit rien de
recommandable. Quelques lieux simples & sans décoration, consacrés aux
Divinités du Paganisme, & où les
Druides rendoient leurs Oracles,
étoient toute sa richesse & faisoient
ses seuls ornemens.

Pendant que les vainqueurs avoient
cultivé & embelli les Gaules, ses habitans n'avoient songé qu'à combat-
tre. Uniquement occupés à défendre
leur liberté opprimée, ils avoient laif-
sé à leurs Tyrans le soin de bâtir & de
peindre, & ne les avoient pas imités ;
aussi les beaux Arts qu'ils n'avoient pas
goûtés, étoient-ils disparus avec leurs
Protecteurs. Telles sont les suites fa-
tales qu'entraîne après soi la guerre :
toujours défavorable aux talens, elle
a en tout tems servi d'obstacle à leur
propagation, & n'a tendu qu'à les
anéantir.

Impatiens de secouer un joug
odieux, les Gaulois revoltés contre
les Romains, les chassent de leur pays

& portent l'épouvante jusqu'au sein de la Capitale. Une multitude de Nations presqu'inconnues, conduites par Alaric, Atila, Genseric & Odoacre, viennent successivement partager avec eux les dépoüilles de leurs ennemis communs. Ce Trône si long-tems inébranlable, tremble jusques dans ses fondemens. Cet État si affermi, ploïe sous tant d'efforts, & l'on voit tomber ce Colosse effrayant, contre lequel étoient venus se briser toutes les Puissances. Cette Aigle si rédoutée, cesse d'être rédoutable. Ces Légions invincibles sont vaincues, ces Législateurs du monde reçoivent des Loix, & cette Rome orgueilleuse qui avoit chargé de chaînes & déposé tant de Rois, qui avoit à son gré disposé des Couronnes, voit la sienne réduite en poudre, & gémit à son tour dans les fers.

Ainsi avoit fini cet Empire formidable, si souvent combattu, terrible même après la défaite, toujours grand, toujours glorieux. Sa chute avoit précipité celle des Arts & avoit été suivie de leur ruine totale. Tous dans ces tems déplorables, avoient subi le plus funeste sort ; la Peinture & l'Architecture avoient perdu ce qu'elles avoient de précieux, leurs plus beaux morceaux avoient été la victime de cet embrasement général, on avoit eu peine à sauver quelques débris que les flammes étoient prêtes à dévorer. Les Sciences n'avoient pû échapper à ce grand nauffrage, & avoient été oubliées. La perte que l'on avoit faite des Bibliotéques, ces dépositaires des secrets des hommes, avoit enseveli sans ressource toutes leurs connoissances. Une nuit affreuse s'étoit répandue dans l'Occident & l'avoit couvert entiérement, on auroit dit que la terre venoit d'être frappée de la foudre, ou qu'elle sortoit d'un déluge, dont elle avoit été affligée de nouveau.

Après la destruction du nom Romain, les affaires politiques changent de faces, & le tableau de l'Europe offre d'autres scènes. Différens Royaumes s'élevent sur les cendres de l'Em-

pire ; chacune de ſes Provinces obéit
à ſes Princes particuliers. Rome ſe ſou-
met à la Tiâre ; le reſte de l'Italie ſe
partage en pluſieurs Etats. Le Corps
Germanique ſe forme & gouverne
l'Allemagne, unis avec les Gaulois.
Les Francs fondent dans la Gaule Bel-
gique la Monarchie Françoiſe, établis
par les armes dans les pays qu'ils ſe font
choiſis ; ces peuples ne s'y maintien-
nent que par elles, la Juſtice ne con-
noît chez eux d'autres droits que les
droits de la force ; & la France dans
ſon origine, théatre des ſpectacles les
plus ſanglans, fait ſes plus chéres oc-
cupations des exercices militaires. Les
François voyent les deux premieres
Races de leurs Rois, commencer &
s'étendre au milieu des diſſentions &
des guerres.

Cependant le gothique avoit pré-
valu, il étoit devenu le goût domi-
nant. L'Architecture avoit été défigu-
rée par les Gots ; les productions les
plus bizarres & les plus monſtrueuſes
avoient réuni tous les ſuffrages, lorſ-

que l'Italie sous les Pontificats de Jules II. & de Léon X. s'étoit reveillée de son sommeil & avoit recouvré la lumiere.

Deux Grands Princes, rivaux, offroient un asyle aux beaux Arts, que les Turcs persécutoient dans la Gréce. Pendant que Charles - Quint les accueilloit à Madrid & faisoit couler dans leur sein l'or du Potose & du Mexique, François I. les appelloit à sa Cour & étoit leur Rémunérateur. Les soins qu'ils se donnerent, l'un & l'autre, ne furent pas infructueux, ils goûterent le plaisir de former un petit nombre d'Artistes. Il est vrai que leurs Peintres furent bien inférieurs aux Corrèges, aux Vandiks & aux Albanes, & qu'ils n'eurent pour Architectes ni des Palladio, ni des Vignoles, ni des Scamozzi, mais ils eurent au moins l'avantage de voir naître un Aurore qui promettoit le plus beau jour.

La Régence tumultueuse de Catherine de Médicis & le Régne de ses Enfans, furent en France défavorables.

aux Arts, mais le goût de la Nation les préserva en partie de l'orage qui les menaçoit. Enfin il ne leur falloit qu'un ami puissant, qui déployât sur eux toute sa faveur & rétablît la sérénité. Le seul en qui ils eussent trouvé cet ami, le Successeur de Henri III, tomba sous le fer du Fanatisme.

O le meilleur & le plus juste des Rois! ô Henri IV! Que n'eût pas fait votre ame toujours portée au grand? Les Arts vous eussent compté parmi leurs plus zélés Protecteurs; si pour monter au Trône de vos Ayeux, vous n'eussiez été forcé d'en teindre les dégrés du sang de vos Sujets; si par un détestable Parricide, un monstre n'eût fait couler les larmes de la France, en répandant votre sang.

Après la mort de son époux, Marie de Médicis essaye de consoler les Arts & de réparer la perte qu'ils viennent de faire. Desbrosse est chargé de la construction d'un Palais; le pinceau de Rubens donne un nouveau prix à l'Ouvrage de l'Architecte & le Luxembourg devient un modéle dans les deux genres. La Sorbonne voit disparoître ses ruines & trouve dans Armand un magnifique Restaurateur. Les Arts sous les auspices de Louis le Juste, marchent d'un pas hardi & tendent à la perfection ; mais ce tems n'étoit pas encore venu, & la véritable gloire de notre Nation étoit réservée à Louis le Grand & devoit être son ouvrage. Son Régne, l'époque de la grandeur Françoise, fut marqué par les plus belles découvertes & par les plus grands progrès : on connut mieux les Sciences, ce fruit lent des années & des veilles les plus laborieuses. La raison parla & fut écoutée. On vit par ses yeux, on s'exprima par sa voix ; le bandeau de l'opinion fut déchiré, le crédit des autorités s'évanoüit, & l'on ne crut plus, par cette seule raison que d'autres croyoient. Ce bien, après lequel un petit nombre d'hommes soupire, & dont tant d'autres craignent la possession : ce bien que nous semblons chercher avec empressement, & qui nous

échappe sans cesse. La vérité se fit
alors entendre, elle étouffa les cris des
préjugés & subjugua leur empire. La
Philosophie germa dans l'esprit des
François, & n'eut d'autres bornes que
celles de l'entendement humain. Tandis que les victoires les plus éclatantes se succedoient avec rapidité, &
que la France devenoit redoutable au
dehors ; la Peinture & l'Architecture
la rendoient supérieure à ses voisins,
& s'empressoient à l'envie de l'embellir au dedans. Tandis que de profonds
méditatifs se transportoient dans la
sphére des idées & en sondoient l'im-
mensité, que de scrupuleux observa-
teurs foüilloient dans le sein de la Nature & lui déroboient ses secrets ! Que
d'habiles Astronomes découvroient
dans les champs de l'air de nouveaux
mondes, & apprenoient à la Terre
étonnée, qu'il est d'autres Terres !
Tandis que le Théatre retentissoit d'ac-
clamations & s'enrichissoit de Drames
immortels, que les Muses par leurs ac-
cens harmonieux réveilloient les échos

de la Seine & célébroient les actions guerriéres & les vertus de Louis, la Nation Françoise secondée par cet autre Auguste, arrachoit à l'Italie la palme des Arts, & Paris disputoit de rivalité avec Athêne & l'ancienne Rome.

Un Ministre respectable par son goût & jaloux de l'honneur de son Maître. Colbert concevoit les plus hardis desseins & les mettoit à exécution ; vif sur le progrès des Arts, dont il étoit le plus ferme appui ; il excitoit l'émulation, aimoit l'industrie, faisoit naître, échauffoit le zéle, encourageoit le mérite & récompensoit les succès. Par son moyen, les talens même les plus médiocres, obtenoient un coup-d'œil du Souverain, & jusqu'au fond du Nord se ressentoient de ses bienfaits ; tout répondoit aux vœux qu'il formoit. Les plus grands Artistes portoient leur genre au plus haut point de perfection : les le Sueur, les Champagnes, les le Bruns & les Mignards se distinguoient dans la Peinture & la

cultivoient d'une maniere digne d'elle.
L'Architecture civile confacroit les
noms des Manfards, des Levau, des
Dorbay & des le Mercier; les Puget,
les Girardons, les Couftous & les
Coiexvox, faifoient oublier les plus
habiles Sculpteurs de Rome moderne.
Le Cavalier Bernin s'avoüoit vaincu,
par le Vitruve François. Sur les Deffeins & fous la conduite de Perrault,
s'élevoient l'Obfervatoire & l'inefti-
mable Périftile du Louvre; la Porte
S. Denis étoit l'ouvrage de Blondel.
Pendant que le célébre le Nôtre fe
traçoit à lui-même une route, & créoit
pour ainfi dire, un Art tout nouveau,
pendant qu'il déployoit fon génie, par
le Plan du Jardin des Thuilleries, Louis
forçoit la Nature à Verfailles, & la
fecondoit à Marly. Louis préparoit
une honorable retraite aux Défenfeurs
de la Patrie, & faifoit le plus grand
de tous les pas vers l'immortalité, en
pofant les fondemens du magnifique
Hôtel des Invalides. Louis enfin ap-
prenoit à l'Océan & à la Méditerran-

née à mêler enfemble leurs eaux &
joignoit ces deux Mers par le fameux
Canal du Languedoc.

Cependant on ne négligeoit ni l'Architecture navale, ni la militaire. Des
Flottes nombreufes faifoient refpecter
par-tout le Pavillon François, & la
France partageoit avec Albion l'empire des Mers. Un Guerrier courageux,
un Citoyen entiérement dévoué au
bien commun, Vauban donnoit un
autre fpectacle aux Européens, il leur
enfeignoit à fortifier leurs Villes. En
un mot, les Places de Vendôme &
des Victoires, les Châteaux de Maifon & de Clogny, la Machine hydrau-
lique, l'Aqueduc & le Parc de Marly.
Le Commerce, cette colonne de
l'État, étendu & annobli, des Manufactures établies & devenues floriffan-
tes, des Académies fondées pour tous
les Arts : voilà quels furent les objets
des délaffemens d'un Grand Roi, voilà
quels furent les Chef-d'œuvres d'un
fiécle créateur, qui a mérité d'être notre exemple, & qui fera toujours celui de la poftérité.

De nos jours , si l'on en croit la critique , les Sciences font abandonnées, les Arts n'ont plus de Cultivateurs , les Lettres languiſſent ſans Littérateurs & ſans Mécênes ; le flambeau du génie s'eſt éteint , le vrai goût n'eſt plus , la frivolité nous l'enleve ; les beaux âges ſont paſſés , la barbarie gothique va renaître , déja même ſes ténébres nous environnent.

O ſiécle de Louis XV ! Ne ſeriez-vous donc plus le rival du ſiécle dernier ? Ne nous auriez-vous flatté des plus belles eſpérances , que pour nous laiſſer dans les plus ſenſibles regrets ? Verrions-nous évanouir ces heureux préjugés que votre enfance nous avoit donnés.

France ! ô ma chere patrie ! La gloire que vous vous êtes ſi juſtement acquiſe par vos travaux en tout genre , va-t'elle donc ſe perdre & vous être ravie ? D'où vient que la calomnie vous pourſuit & vous perce de ſes traits ? Les mépris que l'on affecte d'avoir pour vous , ſeroient-ils donc des mépris mérités ?

rités? Mais non, diffipons nos craintes & ceffons de nous allarmer. Les Arts, loin de dégénerer ont encore la fécondité des premiers tems & jettent le même éclat. Nos Sculpteurs ne le cédent en rien à ceux que l'injuftice leur préfére, & les ouvrages de nos Peintres & ceux de nos Architectes, peuvent fouffrir le parallele avec ceux de l'antiquité. Enfin l'École Françoife fe conferve avec dignité, fe foutient avec diftinction & marche d'un pas égal à côté des Écoles Grecques & Romaines, le plus grand fuccès la fuit toujours, & les Chef-d'œuvres qu'elle enfante feroient avoués des plus grands Maîtres; les étrangers l'admirent, mais fans ofer l'imiter. On peut même avancer, que la France maintenant ne voit aucune Nation qui foit fon émule. En effet, laquelle entreprendroit de faire des collections en Tableaux & en Eftampes, auffi nombreufes & auffi parfaites que celles qui ont enlevé nos fuffrages depuis plufieurs années dans cette Capitale? Quelle Nation conf-

truit chez foi tant d'Édifices enſemble? La ville de Paris érige une ſuperbe Place à l'honneur de ſon Souverain,
& ce Monument éternel de ſon amour
pour ſa Perſonne, apprendra aux races
futures, combien ce Prince eſt cher à
ſes Sujets. Près du tombeau de nos
braves Militaires, le berceau de leur
poſtérité va bientôt paroître avec non
moins de ſplendeur; la Marine ſe ré-
tablit & s'augmente, Dunkerque ſe
répare, le Louvre s'acheve.

Vous ne ſerez plus déſormais arro-
ſé de nos larmes, Palais pompeux des
Bourbons, un nouveau Colbert * vient
eſſuyer les pleurs que nous arrachoit
l'état honteux où vous étiez abandonné & ſa main va vous rendre les charmes que les mains du tems ont flétris.

Qu'on ne nous reproche donc plus
de n'être fertiles qu'en projets, qu'on

* Mr. le Marquis de Marigni, Directeur & Or-
donnateur général des Bâtimens du Roi, Arts, Académies & Manufactures du Royaume: on ne peut
donner trop d'éloges à ce zélé citoyen. Nous devons à ſon goût & à ſes ſoins la reſtauration & l'a-
chevement du Louvre.

cesse de dire que nous n'exécutons
rien ; des grands Chemins pratiqués
dans tout le Royaume , des Ponts jet-
tés sur les Riviéres & sur les Fleuves ,
des Canaux exécutés, des Ports , des
Digues, des Quais, des Fontaines ,
des Églises élevées décélent tous la
fausseté de ce reproche.

C'est donc à tort qu'on nous an-
nonce la stérilité des Arts & qu'on
nous ménace de leur décadence pro-
chaine.

Vous attestez le contraire , illus-
tres Artistes ! Vous par qui la France
atteint la perfection de l'ancienne Rome & l'emporte maintenant sur l'Italie. Continuez , forcez l'envie même
d'être votre admiratrice , elle qui ré-
pand sur les plus belles productions du
Génie ses poisons les plus dangereux,
faites constamment nos plaisirs & notre triomphe. Continuez, un Monar-
que éclairé , que le Ciel a placé sur
le Trône pour le bonheur des François, préside à vos pénibles travaux.

C ij

Secondez ſes vûes & méritez toujours
ſes bontés, vous avez trouvé en lui
un généreux & puiſſant Protecteur. Il
eſt l'ami des talens, il verſe ſur eux les
récompenſes, & tel que cet Aſtre
bienfaiſant, dont les rayons portent
partout la chaleur & la vie, nous le
voyons les animer & les nourrir de
ſes regards; nous le voyons enfin faire
revivre ces tems ſi deſirés & rares, où
les Dieux de la terre ſe partageoient
entre la Guerre, les Muſes & les Arts.

Daignez, GRAND PRINCE, rece-
voir mon foible hommage, permet-
tez que je mêle ma voix à la voix de
l'Univers, & que je chante avec lui
vos louanges; que ne puis-je, formé
dès mon enfance aux talens pittoreſ-
ques, vous repréſenter couronné de
lauriers immortels, par les mains de
la Victoire, vainqueur dans les deux
Mondes de ces fiers Inſulaires, vos
perpétuels Ennemis. Que ne puis-je
peindre cette premiere vertu des Rois!
L'humanité qui fait votre caractére

& qui brille fur votre augufte vifage;
j'oferai peut-être un jour l'effayer,
trop timide encore, je ne puis que
vous admirer en filence.

Fin de la premiere Partie.

SECONDE PARTIE.

Des avantages de la PEINTURE, *de de son application à l'*ARCHITECTURE, *de la maniere dont ces deux Arts doivent décorer les Temples ; des plat-fonds peints : de la vérité qu'il faut mettre dans les décorations pittoresques.*

POUR faire l'éloge de la Peinture, il suffit de la nommer : en vain pour en relever l'excellence, l'éloquence employeroit ce qu'elle a de plus pompeux; les traits les plus délicats, les figures les plus hardies, les termes les plus nobles, les images les plus vives n'ajoûteroient rien à l'estime qu'on a eû dans tous les tems pour ce bel Art. Vénus & les Graces n'ont pas besoin, pour nous enchanter, de cette parure menson-

C iiij

gère, de ces ornemens trompeurs qui ſervent ſouvent à maſquer les défauts de la Nature. Telle eſt la Peinture, le grand nombre de ſes Amateurs atteſte ſa gloire & ſon prix : où ſont les hommes qui ſoient inſenſibles à ſes charmes ? En effet, à la vûe de ces Chef-d'œuvres que les ſiécles paſſés ont produit & que le nôtre enfante tous les jours, comment n'être pas ſaiſi d'admiration ? C'eſt par la vive & ſubite impreſſion que fait ſur nous le pinceau des grands Artiſtes, que la Peinture eſt regardée comme la * ſœur de la Poëſie, & qu'elle partage avec

*　» Ut pictura poëſis erit, ſimiliſque poëſi*
　» *Sit pictura : refert par æmula quæque Sororem ;*
　» *Alternant que vices & nomina.* Muta poëſis
　» *Dicitur hæc :* pictura loquens *ſolet illo vocari.*
　　　　　　　　　　Dufrenoy, *De Arte graphica.*

La (a) Peinture a les mêmes principes que la Poëſie dramatique & lui reſſemble parfaitement : ce ſont les mêmes loix qui les dirigent ; l'une & l'autre ſont aſſujetties à la régle des trois unités, dont elles ne peuvent s'écarter ſans des raiſons puiſſantes. Il faut placer la Scène d'un Tableau d'Hiſtoire, dans un

(a) Les régles de la Peinture, (*dit l'Abbé Dubos*) ſont autant ennemies de la duplicité d'action, que les régles de Poëſie dramatique.

elle les applaudiſſemens : eſt-il pour nous une ſource plus abondante de plaiſirs toujours nouveaux, que celle que nous préſentent ces deux ſœurs ? L'une remue nos cœurs, l'autre enchante notre eſprit, celle-ci nous ſé-

ſeul lieu, ainſi que la Scêne d'une Tragedie. On ne doit y voir rien d'étranger au ſujet que l'on traite ; l'action doit y être une & doit ſe paſſer dans un ſeul inſtant ; différente cependant en cela du drame dont l'action peut durer un jour entier.

Comme il eſt différens genres dans la Poëſie, il eſt auſſi différens genres dans la Peinture.

La Peinture tragique eſt celle où le Peintre repréſente un événement triſte, & où le pathétique & la nobleſſe doivent être employés.

La Peinture comique eſt celle où le Peintre ſe déride, & où il joue les ridicules, avec les graces de l'enjouement & du badinage.

Les Peintures liriques & paſtorales, ſont celles qui repréſentent des Bergers, des Troupeaux & tous les ornemens de la Campagne, elles ont autant de naïveté & d'élégance que la Poëſie bucolique, & elles ſont plus ſucceptibles qu'elle, de vérité. Les Tableaux de M. Boucher, (ce Peintre dont les compoſitions ſont ſi ſéduiſantes & dont le pinceau eſt ſi flatteur,) en fourniront une preuve. Quelle vive tendreſſe ! Quel amour éloquent peint dans les yeux des Amans qui font le ſujet de ſes charmans Ouvrages ! Il a l'art de les embellir par les acceſſoires les plus riants : on peut le nommer le Greſſet de la Peinture ; en effet, il eſt le Peintre des Graces, comme M. Greſſet en eſt le Poëte.

duit par les yeux, celle-là charme nos oreilles, & toutes les deux nous captivent & nous intéressent également. La Peinture poësie muette, offre à nos regards ce que peut la main la plus délicate, guidée par le feu d'une imagination féconde, secondée de ces touches heureuses qu'enfante la chaleur du génie. La Poësie, Peinture parlante, nous flatte par son harmonie, nous instruit des actions mémorables des Héros & leur imprime le sceau de l'immortalité. Ces deux Arts enfin excitent en nous une sensation si flatteu-

Le Poëme (*a*) héroïque, l'Épopée de la Peinture est une suite de Tableaux qui représentent l'Histoire d'un Héros, dont chaque Tableau est un chant qui fait partie du Poëme : les licences y sont permises & y font même beauté. C'est-là, que pour caractériser une passion, pour lui donner plus de force, on y anime, on y incarne, (pour ainsi dire) les vertus, on y personnifie les vices.

> Là, pour nous enchanter tout est mis en usage.
> Tout prend un corps, une ame, un esprit, un visage.
> Chaque Vertu devient une Divinité,
> Minerve est la Prudence, & Vénus la Beauté.
>
> *Boileau, Art poëtique, Chap. 3.*

(*a*) Tel est l'Histoire de Henry IV. peinte par Rubens à la fameuse Galerie du Luxembourg à Paris. C'est peut-etre le Poëme le plus parfait que nous ayons en France.

fe & nous trompent ſi agréablement,
que nous croyons voir d'une part reſ-
pirer la toille, & que de l'autre, les
Étres même les plus inſenſibles nous
ſemblent animés.

Mais pour me renfermer dans ce
qui fait l'objet de ce diſcours ; de quelle
univerſalité n'eſt pas la Peinture ? Elle
eſt le langage de toute la Terre, ſes
expreſſions univerſelles ſe font entendre de toutes les Nations & parlent
éloquemment à leurs yeux. Sembla- *Des avan-*
ble à la beauté & à l'harmonie, la *tages de la*
Peinture n'eſt nulle part étrangére, *Peinture.*
ſon pouvoir ne voit point de bornes.
Citoyenne de toutes les Contrées,
ſouveraine de tous les Pays, partout
elle a des droits puiſſans, elle peut
parcourir le Monde en Reine triomphante : partout où il eſt des hommes ſenſibles & délicats, elle trouve des ſujets, desAutels & des Temples.

Rivale de la Nature, la Peinture
multiplie l'Univers à nos regards &
lui donne un nouvel être. A ſes or-

dres nous voyons des Phénomenes paroître , des Chef - d'œuvres éclôre : elle parle , la Terre qu'elle vient de créer se fertilise & produit des fruits , les Campagnes se tapissent d'une tendre verdure , les Champs brillent de l'éclat des plus vives couleurs , mille fleurs réjouissent la vûe par la variété & l'assortiment de leurs avances. Tout s'anime , tout vit à sa voix , le Ciel s'embellit , les Arbres croissent , les Forêts se peuplent , les Montagnes s'élévent , les Fleuves se creusent des lits , la Mer se couvre de Vaisseaux , les Villes se bâtissent & dans ces Villes s'érigent de superbes Palais. Quelquefois , telle que l'Aigle rapide , elle prend son essor , pénétre jusqu'au Sanctuaire immortel , entretient commerce avec la Divinité & nous en grave les traits majestueux. Quelquefois aussi prenant un vol moins élevé , elle se plaît à retracer les simples actions des mortels. Tantôt elle fait resonner la trompette héroïque , tantôt elle badine sur le tendre chalumeau ; sou-

vent elle aime à repréſenter deux Ar-
mées ennemies, au fort de la plus af-
freuſe mêlée, dans la chaleur de l'action la plus vive.

Plus énergique, plus expreſſive
que l'éloquence, la Peinture ſeule a
l'avantage de nous faire voir les objets ſous leurs propres couleurs &
dans toute leur vérité. Un ſeul coup-
d'œil ſur ces figures, ſuffit pour nous
donner une idée juſte & préciſe, de
ce que le diſcours le plus long & le
plus orné ne pourroit crayonner qu'à
demi & ne peindroit que confuſément.
Elle ſaiſit, elle ſurprend la Nature dans
ſes productions, elle en examine, elle
en combine le mécaniſme, elle en
repréſente, elle en copie tous les effets
ſenſibles, elle doit preſque toujours
à la Nature ſon plus beau coloris : mais
elle la choiſit, l'embellit, la pare de
nouvelles graces.

Que ne te devons-nous pas, char-
mante Peinture ! Pour nous plaire tu
prends mille formes nouvelles, tu
cours de beautés en beautés. Au ſein

des Villes, tu nous fais retrouver les graces champêtres. Au milieu des Campagnes tu nous offres la pompe des Villes, tu nous fais jouir dans la tristesse des Hyvers, de la parure riante du Printems. Chacun s'empresse de partager tes faveurs, tu fais l'amusement de toutes les Sociétés, l'agrément de tous les États, le plaisir de toutes les Conditions ; tu captives les Riches dans le sein de leur grandeur, les Rois même descendent de leurs Trônes pour t'admirer de plus près.

Tous les hommes en effet sont sensibles aux attraits de la Peinture. On objectera peut-être, que pour éprouver quelque sensation à la vûe d'un Tableau, il faut pouvoir en porter un jugement sain & être versé dans les mystéres de cet Art : mais il est aisé de détruire cette objection. Un Littérateur * de ce siécle, homme de goût, a dit : » Un beau Tableau char» me & enléve un Spectateur qui » n'a aucune idée de Peinture, le sen-

* M. Rollin.

» timent fait à peu près en lui , ce
» que l'Art & l'ufage font dans les con-
» noiffeurs. «

La fatisfaction d'un Artiste éclairé l'emportera toujours , il eft vrai ,
fur celle d'un fimple Artifan , mais
l'un & l'autre feront fatisfaits diverfe-
ment. Les plaifirs que procure la Peinture font proportionnés au dégré des
connoiffances & fe multiplient à me-
fure que les connoiffances augmen-
tent.

Voyons l'homme de goût & con-
noiffeur , vis-à-vis le Tableau d'un
grand Maître. Les charmes les plus
cachés , les refforts les plus fecrets
qu'aura mis en jeu le Peintre , fe dé-
veloperont à fes yeux pénétrans. Rien
ne lui échapera , il verra la difpofition
de l'enfemble , l'ordre , l'œconomie
de tout l'ouvrage , la fageffe de la com-
pofition , la variété , le contrafte des
Figures , la diverfité des attitudes , le
beau choix des draperies. Il verra la
belle entente du coloris , la diftribu-
tion fçavante des lumieres , l'union des

clairs & des ombres, l'harmonie des
tons & des couleurs, la magie du clair
obfcur ; il jugera de la beauté des épi-
fodes & de la vérité des accompagne-
mens.

Plaçons maintenant devant le même Tableau, un homme que les Arts
n'ont point formé, incapable de fen-
tir les délicateffes du travail & les fi-
neffes du pinceau, les beautés de détail, les beautés factices & de conven-
tion feront perdues pour lui, la régle
de l'unité, les convenances, le cof-
tume obfervés ne le flatteront point ;
mais il fera frappé d'une paffion faifie,
d'une action puifée dans la Nature,
d'un caractére marqué, d'une vérité
d'expreffion.

Puiffante par elle-même, riche de
fon propre fond, la Peinture peut fe
paffer de plufieurs autres Arts. Tous
les Arts ont befoin de fon fecours, elle
les imite, elle les rend avec toutes leurs
beautés ; fes grifailles en effet, forment
fi parfaitement la fculpture, fes différens tons de couleurs de pierre ou de
marbre,

marbre, repréſentent l'Architecture avec tant de vraiſemblance, que ſouvent l'œil le plus connoiſſeur y eſt trompé. Jettons les yeux ſur l'intérieur de la Chapelle * des Enfans trouvés ; quelle beauté ! Quelle grandeur ! Quelle illuſion parfaite ! Qui ne croiroit, voyant cette Architecture peinte, entrer dans un Temple ſuperbe, que décorent des colonnes d'un mar-

* Qu'on ne s'y méprenne point : je ne parle que de l'Architecture peinte, & je ne prétends pas faire ici l'apologie des Figures (*a*) qui ornent l'intérieur de la Chapelle des Enfans trouvés : ce n'eſt pas qu'elles ne brillent par la beauté du deſſein, & par la pureté des contours ; mais c'eſt qu'elles y ſont appliquées ſans convenance, & que le Peintre n'a conſulté dans ſa compoſition poëtique, ni les Loix de la vraiſemblance, ni celle du Coſtume : car, quelle vérité ? (me diroit un critique avec raiſon) Un lieu preſque détruit par la vétuſté où l'on a conſtruit des Chapelles où ſont des Saints de moderne fabrique, qui habitent le même toit, que Jeſus-Chriſt au berceau ; où l'on voit des Enfans & une Religieuſe, qui (ſans doute portés ſur l'aîle des Zéphirs,) regardent du dehors d'une fenêtre dans l'intérieur du Bâtiment ; enfin, où je crains que la voûte preſque détruite, ne s'écroule ſur ma tête.

(*a*) Les Sujets en ſont peints par M. Natoire. L'Architecture eſt peinte par Mrs. Brunetti, pere & fils : l'idée eſt de M. Boffrand, Architecte du Roi, qui a bâti la Chapelle & la façade ſur la Rue.

D

bre réel? Quel relief! La réalité pro-
duiroit-elle un effet plus merveilleux?
Quel agréable menſonge! Tout y eſt
peint avec tant d'art, que la fiction y
prend la couleur de la vérité.

A ces précieux avantages de la
Peinture, ajoûtons celui d'élever avec
beaucoup plus de promptitude & d'œ-
conomie que l'Architecture, les Feux
d'artifices, les Salles de Bals, les Arcs
de triomphe.

Que dirai-je des effets ſurprenans
qu'elle produit dans un Optique ménagé avec intelligence? Par une magie enchantereſſe, elle augmente en
apparence l'étendue réelle d'un lieu,
en nous offrant dans un lointain un
point de vûe qui termine une perſ-
pective.

De quelle utilité n'eſt-elle pas à
l'Anatomie *, cette Science ſi néceſ-
ſaire à la conſervation des hommes!
C'eſt à la Peinture qu'un habile Ana-
tomiſte confie ſes découvertes com-

* Voyez les Planches Anatomiques de M.
Gaultier.

me un dépôt facré, c'eft elle qui re-
trace à nos yeux le mécanifme furpre-
nant du corps humain, c'eft par fes
Figures anatomiques dont on fe fert
au défaut de la Nature, que l'on en
apperçoit la ftructure myftérieufe, les
refforts les plus cachés, les vaiffeaux
les plus déliés, les organes les plus délicats.

C'eft la Peinture qui fait revivre les
Guerriers, dont la victoire a couronné les Exploits, les Citoyens généreux qui fe font immolés pour la Patrie. C'eft elle qui rend, pour ainfi
dire, préfens ces Sçavans qui font tant
d'honneur aux fiécles qu'ils ont éclai-
rés, ces Artiftes, que des Talens fu-
périeurs ont rendu célébres, ces Hommes précieux, ces Sages qui ont étonné
l'Univers par le fpectacle de leurs vertus. Elle remet fans ceffe fous les yeux
d'un jeune Prince, pour lui fervir de
modéles, les actions héroïques de fes
ancêtres & celles de fes prédéceffeurs.
Elle conferve les traits auguftes des
Rois nés pour le bonheur de l'huma-

nité, de qui la main secourable a fait
ignorer l'indigence à leurs Peuples,
& dont le Trône étoit l'asyle des mal-
heureux. Elle représente, mais pour
une fin bien différente, mais pour être
à jamais abhorrés, ces Monstres farouches, ces Tyrans inhumains qui ont
gouverné leurs Sujets avec un Scep-
tre de fer. Elle redonne à sa famille
un pere chéri, que la mort vient d'enlever ; elle rend à une épouse tendre,
un époux bien-aimé ; elle raproche
d'un ami absent, un ami fidéle ; elle
calme la douleur la plus aigüe d'une
amante, en lui offrant l'image muette
de l'objet de sa tendresse. Chez elle
le crime est toujours peint sous les
plus noires couleurs, éprises des charmes de la vertu, elle employe son pinceau à lui prêter un nouveau lustre, à
lui donner de nouveaux agrémens,
pour la rendre plus aimable.

Mais où suis-je ? Où me trouvai-je
transporté ? Je vois renouveller les
merveilles de la Lire d'Amphion : est-
ce une illusion, ou la réalité même

qui me frappe? Quel attrait puiſſant tient mes ſens ſuſpendus? Quel eſt ce ſpectacle enchanteur? Quel eſt cet édifice pompeux qui s'ouvre à mes regards étonnés? Eſt-ce le Palais enchanté de quelque Divinité? A ces étonnantes beautés, à ces décorations éclatantes, je reconnois ton Temple, ô Peinture! Là, tu nous développes tous tes tréſors, tu nous fais part de toutes tes richeſſes, tu étales avec complaiſance à nos yeux tes charmes divers. Là, au déſert le plus affreux ſuccéde une Ville ſuperbe; l'humble Cabane eſt changée en un Palais ſomptueux. Là, paroiſſent alternativement la triſte demeure des ombres & le ſéjour aimable des Dieux : ici Flore embellit la ſcène de ſa parure, là Bacchus & Cérès l'enrichiſſent de leurs dons. Tantôt des Montagnes arides, des Campagnes déſertes, des Terres incultes & inhabitées y viennent atriſter nos regards. Tantôt nous jouiſſons de la vûe ſatisfaiſante d'un Hameau placé dans une heureuſe ſituation. Là,

D iij

nous sommes frappés de l'aspect majestueux d'une longue file de colonnes, dont la perspective forme un superbe Péristile. Ici c'est un Jardin magnifique, orné de Boulingrins & de Parterres, embelli d'Eaux jaillissantes & de Cascades, décoré de Figures & de Groupes. A la nuit la plus obscure, aux ténébres les plus profondes, succédent la sérénité, l'éclat * d'un beau jour.

Que ne puis-je parcourir tout ce que la Peinture nous offre ici de toutes parts, je sors de son Temple, je passe à la maniere de l'adapter à l'Architecture & de l'employer avec convenance à l'embellissement des Édifices.

De l'application de la Peinture à l'Architecture.

* On ne reconnoîtra point l'Opéra au portrait que je viens d'en faire : j'ai peins ce qui devroit être, & non pas ce qui est. Serons-nous toujours insensibles aux justes reproches que nous font les Étrangers au sujet de nos Spectacles ? L'Opéra sur-tout est bien éloigné de la perfection à laquelle on pourroit le porter. Les décorations sont négligées, faites à la hâte & servent souvent à des choses bien différentes. N'aurons-nous jamais de Salles dignes, que l'on y représente les Poëmes excellens, que nous avons en tout genre ?

Les beaux Arts font comme les neuf Mufes, ou comme les trois Graces : ils fe tiennent par la main ; c'eft-à-dire, qu'en vertu de certains rapports, ils fe touchent, s'enchaînent, fe donnent des fecours mutuels. Prenons pour exemple la Peinture & l'Architecture ; l'une & l'autre ont leurs loix particulieres, leurs caractéres diftinctifs : loix & caractéres qui les différencient, qui empêchent qu'on ne les confonde, mais l'une & l'autre ont une correfpondance mutuelle, fe communiquent un éclat réciproque.

L'Architecture dans fon berceau fut trop fimple, elle étoit bornée pour lors aux befoins preffans de l'humanité. Avec plus de connoiffances & de talens, on a transformé les Cabanes des premiers hommes en maifons commodes, on a même érigé des Palais pour les Maîtres du monde. Alors le Peintre s'eft prêté aux vûes de l'Architecte ; l'intérieur des Édifices a été enrichi des Chef-d'œuvres du pinceau, & ces lieux qui par eux-mêmes n'euf-

D iiij

ſent été que vaſtes, commodes, ou bien diſtribués, ſont devenus magnifiques & charmans par les Tableaux qu'on y a placé avec goût & avec intelligence.

La Peinture d'autre part, quoique féconde en beautés qui lui ſont propres, perdroit mille occaſions de briller, ſi l'Architecture ne lui tendoit la main. Les Tableaux d'Apelle étoient expoſés dans la Place publique, pour éprouver le goût des connoiſſeurs, & pour profiter de leurs critiques, mais c'étoit une ſituation paſſagere. Ces miracles de l'Art, portés bien-tôt après chez les Princes & chez les Particuliers y jouiſſoient d'une gloire plus durable; on les rangeoit ſous les Portiques, on les plaçoit dans les Veſtibules avec les Statues des Ancêtres: dans ces avantageuſes poſitions, ils fixoient mieux les regards, & des lieux même qu'ils embelliſſoient, ils recevoient mille graces nouvelles. Protogênes * contemporain d'Apelles

* Protogênes, natif de la ville de Caune en Cili-

& auffi eftimable que lui , ofa méprifer cet avantage , il habitoit une Cabane & y expofoit au hazard fes admirables Productions , elles étoient oubliées & méprifées.

cie, floriffoit vers la cxviii. Olimpiade , & l'an 308. avant Jefus-Chrift. Celui de fes Ouvrages qui lui a le plus fait d'honneur eft le Tableau de Jalifus , fameux Chaffeur de l'Ifle de Rhodes. Appelles fut fi furpris de la beauté de ce Tableau, qu'il avoua n'avoir jamais rien vû qui l'égalât. Protogènes , pour en conferver la durée , le couvrit de quatre couches de couleurs , afin que le tems en effaçant une , il s'en trouvât une autre toute fraiche. On y voyoit un Chien échauffé , dont l'écume étoit admirablement repréfentée , & qui devoit fa perfection au hazard.

Felibien.

» La fortune, (dit Michel de Montaigne ,) furpaffa Protogênes en la fcience de fon Art. Cetui-
» ci ayant parfaict l'image d'un Chien, las & recreu,
» a fon contentement en toutes les autres parties ,
» mais ne pouvant repréfenter à fon gré l'efcume &
» la bave. Defpité contre fa befongne, prit fon efpon-
» ge , & comme elle étoit abbreuvée de diverfes cou-
» leurs, la jetta contre pour tout effacer : la fortu-
» ne porta tout à propos à l'endroit de la bouche
» du Chien & y parfournit ce à quoi l'Art n'avoit
» peu atteindre. «

Le tableau de Jalife, (au rapport de Pline *,) conferva la ville de Rhodes, lorfque Démétrius Poliorcetes, Roi de Macedoine, l'affiégea l'an 304. avant Jefus-Chrift ; car ne pouvant la prendre que du côte où étoit la maifon de Protogênes , il aima mieux lever le Siége & renoncer à la victoire qui lui

* Liv. 55.
Ch. 10.

Cet inimitable Tableau de Jalife, placé depuis à Rome dans le Temple de la Paix, n'attiroit chez l'Artiste aucun regard, il lui falloit la magnificence d'un Édifice & les secours de l'Architecture pour piquer la curiosité des spectateurs.

Mais il ne suffit pas d'unir ces deux Arts & de les adapter l'un à l'autre sans discernement : ce n'est pas assez de plaire aux yeux, il faut contenter la raison.

Il est donc un choix à faire dans les divers sujets de Peinture, tous ne concourent point avec un égal avantage à l'embellissement d'un Édifice.

étoit offerte, que de mettre le feu & de faire consumer cet Ouvrage admirable. Ce Prince ayant sçu, que pendant le Siége, Protogênes ne laissoit pas de travailler dans une Maison hors de la Ville, sans que le bruit des armes fût capable de l'interrompre, le fit venir, & lui demanda comment il osoit demeurer ainsi à la campagne & se croire en sûreté au milieu des ennemis. Il lui répondit, qu'il sçavoit bien qu'un Grand Prince comme Démétrius, ne faisoit la guerre qu'aux Rhodiens & non pas aux Arts ; ce qui plut extrêmement à ce Conquérant, & augmenta son estime pour ce Peintre.

Felibien.

Un Appartement paré , fait pour la magnificence , se traitera d'une autre maniere qu'un Appartement particulier. Dans le premier , tout sera sage & grand ; dans le second , le Peintre , moins rigorifte , pourra donner l'essor à son imagination.

Toutes les Piéces différentes doivent par leurs peintures symboliques annoncer leurs usages : que celles où se plaît Comus , les Salles à manger , les Salles où se donnent les Feftins publics , offrent des ornemens & des sujets rians : que celles où Momus préside , les Salles de Bals & de Concerts respirent de même l'enjouement & la gaïeté : que celles qu'habite Thémis , les Chambres du Dais & du Conseil , les Chambres du Trône chez les Rois , les Salles où les Magistrats donnent audience , soient nobles & imposantes dans leurs embellissemens , & que rien n'y puisse distraire les yeux. La même sévérité doit regner dans les Piéces dédiées par leurs allégories à certaines Divinités , ainsi que font à Versailles

les Sallons de la Paix, de la Guerre & celui où eſt peint l'Apothéoſe d'Hercule. Les Chambres de parade, les Sallons, les Salles de Jeu & les Galeries demandent auſſi quelque retenue, mais faites pour la ſociété & dès-lors plus fréquentées, elles doivent être traitées dans leurs décorations avec plus d'agrément & peuvent préſenter quelque choſe de plus varié & de plus amuſant.

Les Salles de Spectacles veulent des Sujets différens, ſelon qu'elles ſont deſtinées au tragique ou au comique; la gravité & la nobleſſe ne conviennent qu'à Melpomene ; la légereté & le badinage ſont le partage de Thalie.

S'agit-il de petits Appartemens, lieux où ſe plaît l'Amour? C'eſt là que le pinceau doit épuiſer tout ce que la volupté a d'attrayant ; des Mirthes, des Roſes, des Boccages, des Champs tapiſſés de verdure, des Campagnes où brille l'éclat des plus vives couleurs, doivent faire l'ornement de ces ſortes de Piéces. Là, peut s'offrir le spectacle agréable & l'aménité d'un Jardin que l'art a pris foin d'orner ; ici c'eft le Tableau des charmes ingénues & de l'aimable défordre de la Nature. Là, même il faut que l'Architecture dépofe cette gravité , qui dans tout autre lieu feroit fon principal ornement, elle ne doit plus être fi efclave de fes principes févéres , elle peut au contraire permettre à fon imagination d'enfanter, à fon goût de s'étendre : tout doit prendre cet air gai, qui fait goûter une douce fatisfaction ; tout doit enfin annoncer le théâtre des Graces, le féjour des plaifirs.

Que la même fageffe * qui aura conduit la main de l'Artifte dans la décoration des Piéces qui compofent un Palais, l'infpire auffi dans les di-

---

* On me reprochera peut-être que je viens de dire le contraire, en parlant des petits Appartemens : mais que l'on fe reffouvienne de cette Sentence : *Il eft fage d'être fol dans l'occafion.*

vers Monumens qu'il aura occasion de décorer. Les ornemens varient selon les Édifices ; chacun d'eux a un genre distinctif & caractéristique : n'allez pas faire figurer les Jeux à un Catafalque, n'allez pas le traiter avec trop d'éclat ; ce seroit allier ensemble les contraires ; ce seroit mettre sur le corps nerveux d'un Gladiateur, la tête délicate d'une jeune Bergere.

Fuyez toutes formes capricieuses & trop recherchées. Aimez cette noblesse simple si fort amie des yeux. Que semblable à l'Architecture, la Peinture fasse les accessoires pour les masses, & les masses pour les accessoires. Qu'elle observe cette unité qui fait la perfection de tous les Arts : qu'elle n'offre jamais dans un même lieu des Sujets opposés ; que ceux dont la convenance lui fait faire choix, répondent à l'élégance ou à la grandeur des lieux. Nous en avons à Paris dans l'Eglise de Saint Eustache un modéle frappant ; Mignard y a peint à Fres-

que * une Gloire ** célefte dans l'ap-
pareil le plus magnifique , & qui nous
rend bien l'idée que nous avons d'un
Dieu Puiffant & Majeftueux.

* La Frefque eft une Peinture faite fur un enduit
de mortier frais , avec des couleurs détrempées dans
de l'eau. Ce genre de Peinture éxige les plus grands
talens ; la prompte exécution qu'il demande, re-
quiert un génie vif, qui faififfe avec feu, qui exécu-
te de même & capable de toucher hardiment & à
grands traits , tout ce qui marque avec plus d'éner-
gie les mouvemens violens & les paffions. La Frefque a cet avantage fur les autres genres de Peinture ,
qu'elle fe conferve fraiche des fiécles entiers : elle a
même une grace particuliere que quelques Artiftes
préférent volontiers à la Peinture à l'huille : elle peut
être regardée comme le fublime , l'héroïfme de la
Peinture. C'eft à la Frefque que fe font exercés les
plus célébres Peintres.
  ** Ce difcours étoit fait avant que l'on abbatît
le Portail gothique de S. Euftache , qui a caufé la
ruine de deux morceaux précieux, l'un peint par
Mignard, l'autre par la Foffe, dans deux Chapelles
contigues à ce Portail, dans l'une defquelles étoit
cette Gloire célefte dont je parle. Il eft bien fâcheux
que l'on n'ait pas fait des efforts pour les conferver.
n'auroit-on pas pû faire ufage du fecret d'enlever la
Peinture? On auroit toujours joui de la vûe de ces
Plat-fonds, qui, quoiqu'un peu dégradés par l'hu-
midité, confervoient néanmoins de grandes beautés.
Le Public fe confolera volontiers de cette perte, fi
on lui offre un Portail digne de fon admiration. On
a lieu de l'efpérer des talens de M. Manfard l'aîné,
Architecte, qui en a donné le deffein.

Que tout faſſe alluſion à l'uſage du Monument : que la juſteſſe & la bienſéance guident ſans ceſſe le Peintre , & qu'elles ſe faſſent ſentir dans toutes ſes productions , qu'il imite en cela l'Architecte qui n'admet les beautés mâles des ordres, que dans les Bâtimens qui doivent annoncer la ſolidité , & qui ne fait uſage de ſculpture & des colonnes Corinthiennes , que dans ceux où doit préſider la richeſſe de l'ordre délicat.

Un Édifice public, tel qu'un Hôtelde-Ville ou une Bibliotéque ſe diſtinguera donc par la Peinture , de la demeure d'un Particulier : plus ſuſceptibles dans leurs diſtributions de Piéces vaſtes & ſpacieuſes , qu'elles ſoient traitées avec plus de majeſté : que les Hôpitaux ſoient décorés en Peinture comme en Architecture , c'eſt-à-dire , avec une ſage œconomie , & qu'ils ſoient embellis ſans profuſion : qu'un Tombeau ſoit triſte & lugubre , qu'il préſente de toutes parts des Sujets touchans & pathétiques : riche avec ſimplicité ,

plicité, brillant fans faste, qu'un Mau-
zolée foit orné avec une magnificence qui lui foit relative.

A l'égard des Édifices facrés, lieux
de recueillement & de Priéres, que
la Peinture y déploïe toutes les forces
de fon Art, qu'elle ranime le feu di-
vin qui l'échauffe, pour célébrer di-
gnement cette augufte Majefté qui ca-
ractérife la Divinité : que l'Architecture dévelope ce qu'elle a de plus im-
pofant, qu'elle fuye la baffeffe gothique * dans fes détails, mais qu'elle en
imite la grandeur dans fes enfembles,

* L'Architecture antique a pris faveur : l'Architecture gothique eft profcrite : la premiere a toute
notre eftime ; elle en eft digne : la feconde n'a que
nos mépris : les mérite-t'elle ? Non fans doute. Notre préférence pour l'une à l'exclufion de l'autre, eft
le fruit du préjugé qui régle affez fouvent nos goûts
dans les Arts, comme il forme prefque toujours nos
fentimens dans les Sciences & dans la Philofophie.
Ofons rendre juftice à ces deux Architectures, &
que les charmes de l'aînée ne nous faffent pas fermer
les yeux fur les beautés de la cadette.

Les Architectes gothiques, avec un goût pauvre
& mefquin dans les détails, concevoient d'une grande maniere, & exécutoient avec la plus grande har-
dieffe les enfembles de leurs Édifices : les Monumens
élevés dans les beaux jours du gothique, tels que la

qu'elle joigne les beautés Grecques &
Romaines à la noble élévation que les
Gots ont fçu donner à leurs Édifices,
qu'elle n'emploïe que cette aimable
fimplicité fi conforme à la Nature. Que
ces deux Arts enfin s'uniffent & concourent à donner aux Temples l'air de
décence & de nobleffe qui leur con-
vient, qu'ils y forment cet accord
harmonieux, qui feul en fait le fuccès.

Sainte Chapelle à Paris, l'Eglife de Saint Ouen à
Rouen, celle de l'Abbaye Royale de Poiffy, l'Eglife de Ste. Croix à Orléans, la Cathédrale de Milan *,
&c. Ces Monumens, dis-je, ont une grandeur, une
légereté & une délicateffe furprenante, que ne nous a
point encore offert l'Architecture Grecque & Romaine.

Les Artiftes gothiques ofoient inventer : nous n'o-
fons que copier : ils avoient du génie, ils s'en fer-
voient ; nous en avons, nous le tenons captif. Quand
cefferons-nous d'être ferviles imitateurs des anciens?
Quand n'aurons-nous plus pour leurs goûts ce ref-
pect qui tient du culte & de l'idolâtrie? Ne devien-
drons-nous jamais créateurs comme eux? Nos Egli-
fes modernes font prefque toutes calquées les unes
fur les autres ; une feule enfin que l'on va conftruire,
différera de toutes par fa forme. Le Plan de l'Eglife
de Sainte Geneviéve eft neuf, un Artifte habile, fur
les Deffeins duquel ce Monument va s'élever, M.
Soufflot devoit cet exemple à nos Architectes.

* Sans parler de ce que les Maures ont fait en Efpagne.

Que tout y porte l'empreinte de ce vrai beau, qui a des droits si puissans sur le cœur des hommes sensibles. Que tout s'y ressente de ce caractére grave qui inspire l'étonnement, l'admiration & le respect. Loin de l'intérieur des Temples, ces ornemens légers & frivoles, ces Tableaux, Ouvrage d'une imagination tendre, ces Peintures vives & riantes, adoucies par la main des Graces, ces Sujets voluptueux, enfans de la molesse : dorures, décorations, richesses fastueuses disparoissez, soyez la parure de la demeure des hommes, fuyez beautés profanes, fuyez des Temples, la sainteté de ces lieux n'y souffre rien que de sacré. Que tout enfin y décele le séjour de la piété, l'asyle des Vertus, le sanctuaire de la Religion.

Pour donner un exemple de la véritable maniere, dont la Peinture & l'Architecture doivent décorer les Eglises : faisons le parallele de deux Édifices de réputation, dont les éloges frappent si souvent nos oreilles ; aprécions à leur juste valeur l'Eglise des

Invalides & celle du Val-de-Grace.
Toutes les deux renferment mille beautés, la richeſſe de la matiere & la dé-
licateſſe du travail ont contribué à les
embellir l'une & l'autre ; cependant,
qu'Elles ſe reſſemblent peu par rapport aux effets qu'Elles font ſur les
Spectateurs! Dans les Invalides quelle
pompe! Quel faſte! Quel éclat fixe
de tous côtés les regards! Partout **y**
brille un luxe prodigue : quelle ſomp-
tuoſité! Quelle profuſion d'ornemens!
On **y** a employé tout ce que la Nature a de plus parfait, on **y** a épuiſé tout
ce que l'Art a de fineſſe. Non, la Peinture n'a point de coloris plus exquis,
que celui qui couvre ces ſuperbes lam-
bris : partout ſe voyent des dorures
éparſes, des panneaux chargés de ſculpture, des compartimens de marbres les
plus recherchés.

J'entre dans l'intérieur du Val-de-
Grace : une Architecture noble & ſimple me frappe : quelle main ſçavante
a décoré ces beaux Lieux? Tout me
ſaiſit, tout m'émeut, tout m'étonne :

quelle grandeur dans l'enſemble ! Quelle ſageſſe dans les formes ! Quelle retenue dans les acceſſoires ! Quelle entente dans la diſtribution des orne- mens ! Que tout y caractériſe excel- lemment le lieu où l'on doit reve- rer le Maître du monde ! Quelle gra- vité ! Quels ſilences ! Quels repos ma- jeſtueux ! L'Égliſe des Invalides plus brillante, éblouit ; celle du Val-de- Grace, plus ſage, impoſe ; l'une fait naître la gaïété, l'autre inſpire le reſ- pect ; celle des Invalides reſſemble à un Bâtiment profane ; celle du Val- de-Grace ſeroit le modéle du Temple le plus parfait, ſi la Peinture n'avoit déployé ſur ſes Voûtes ſacrées, les cou- leurs les plus vives, & ſi elle n'avoit employé le genre gracieux.

Pardonne, ô Mignard ! ſi je ſemble déſapprouver un Ouvrage qui a mé- rité d'être chanté dans un Poëme, par un de nos Poëtes * les plus célé- bres : une autre raiſon plus puiſſante encore m'y engage. Il me ſemble dé-

* Moliere.

Des Plat- fonds peints.

E iij

placé & hors de vraiſemblance de figurer des Sujets * Aériens dans des
Lieux qui doivent être clos & ren-
fermés : les Ciels , les Nuages , les
Vents, les Tonnerres & les Orages
repréſentans toujours des Percés , ne
devroient point y être admis.

Je condamne ici un uſage, (peut-
être aujourd'hui trop commun,) que
l'exemple a ſeul autoriſé : mais pour
être de mon avis , que l'on conſidere
la fauſſe illuſion que font ces Plat-
fonds peints , illuſion menſongere ,
qui n'aura jamais de charmes pour un
homme éclairé, qui examine tout avec
un œil connoiſſeur , & qui dans l'Art
même cherche la Nature & la vérité.

Entraînés par l'habitude , ſéduits par

* On pourra être ici d'un ſentiment contraire au
mien : mais il me ſemble que l'uſage de peindre les
Plat-fonds eſt un abus ſemblable à celui de mettre
des Glaces ſur les Cheminées ; les Plat-fonds peints
& les Glaces repréſentent des vuides, où doivent
être des plains, & font une fauſſe illuſion.

Ces êtres végétans, moins mépriſés qu'ils ne ſont
mépriſables, les Petits-Maîtres des deux Sexes, ennyvrés de leur figure & jaloux de la retrouver par-
tout, ont ſans doute mis à la mode l'un de ces abus,
pour l'autre il eſt enfant du caprice.

le préjugé, n'allez donc pas peindre les Coupoles & les Dômes, laissez à l'Architecture le soin de leurs embellissemens. Sur-tout que les Sujets terrestres & maritimes ne s'y montrent jamais, ce seroit blesser la vraisemblance encore plus ouvertement. Un Peintre abandonné au feu de son génie, & qui ne prend des conseils que d'une imagination boüillante & capricieuse fera des Ouvrages, qui beaux par eux-mêmes, flatteront au premier coup-d'œil, mais qui appliqués sans convenance perdront infiniment à un examen réfléchi.

Que la Peinture assujettie aux régles de l'Architecture ne s'en écarte pas : qu'un Artiste décorateur ne forte jamais des bornes que lui prescrivent ses principes, qu'il ne se flatte que d'un succès passager, s'il ne réunit la connoissance de l'Architecture aux talens pittoresques*, & si la vé-

De la vérité qu'il faut mettre dans les décorations pittoresques.

* Il seroit à souhaiter qu'un Peintre qui se destine au genre de décoration, fît une étude particuliere de l'Architecture ; de même qu'un Poëte qui s'ad-

E iiij

rité de l'exécution ne se fait remar-
quer dans tout ce qu'il peint : la Décoration * de la Tragedie des Jésuites
a plû dans sa nouveauté & plaît encore ; c'est qu'elle est exécutable &
qu'elle pourroit être construite sans
aucun changement.

Qu'il me soit permis de faire ici
l'éloge d'un Homme * * distingué par
ses talens , chez qui ces deux Arts ,
la Peinture & l'Architecture brillent

donneroit à la Poësie lirique , possedât la Musique ;
notre satisfaction des deux côtés seroit complette.

* La Décoration théâtrale du Collége de Louis
le Grand à Paris est de la composition de M. Blondel, de l'Académie Royale d'Architecture ; cet habile Artiste est assez connu par son École des Arts ,
établie dans cette Capitale, par son Architecture
Françoise, & par ses articles de l'Encyclopédie.

* * Je rends avec plaisir cette justice à M. Servan-
doni, ses Spectacles font les délices des gens de goût :
la Nature avoit destiné cet Artiste au genre de
Décoration, il devoit s'en tenir là : il ne peut se dis-
simuler les défauts du Portail de S. Sulpice. Premie-
rement, un Portail si colossal pour un si petit Vais-
seau ; c'est le chapeau d'un Géant sur la tête d'un
Nain. Secondement, des colonnes engagées ont toujours été un vice, (ou si l'on veut,) une moindre
beauté en Architecture. Troisiémement , &c. &c.
au reste , il peut nous dire avec Boileau :

La Critique est aisée, & l'Art est difficile.

avec le même avantage ; c'eſt à la vérité, qu'il ſçait donner à tous ſes Ouvrages, qu'il doit l'eſtime que l'on
fait de ſes Décorations, ne s'écartant
jamais de l'exécution, ſaiſiſſant toujours dans la Nature les plus frappan-
tes beautés, génie vraiement élevé,
réglé par le goût le plus délicat, il
joint aux charmes du pinceau, les con-
noiſſances qui font le grand Architecte.

C'eſt en ſuivant pas-à-pas les grands
Modéles, c'eſt en marchant ſur les
traces des Hommes illuſtres, que l'on
acquerra la réputation dont ils jouiſ-
ſent.

Toi, à qui nous devons les Philo-
ſophes du premier ordre, & les Artiſtes de la premiere claſſe, ô louable
deſir de ſe diſtinguer ! Que ne peux-
tu pas ſur ceux qui regardent comme
leur récompenſe la plus précieuſe,
l'éloge qu'ils reçoivent de leurs Con-
citoyens ?

De quelle utilité, noble émulation,
n'es-tu pas au progrès des Arts ? C'eſt

toi qui fais entrer les jeunes Artiftes dans la lice, tu leur fais courir à l'envi la brillante carriére de l'immortalité : c'eft toi qui fais naître dans l'efprit des Éleves le defir de furpaffer leurs Émules, tu échauffes leur imagination, tu foutiens, tu animes leurs travaux, tu leur fais voir dans leurs Maîtres des rivaux qu'ils s'efforcent d'égaler.

Génies heureux, enfans chéris d'Apollon, vous à qui il a tranfmis une partie de fon feu, hâtez-vous de toucher le but, une couronne vous attends ; les Déeffes qui préfident aux Arts que vous cultivez, vous préparent une place diftinguée au Temple de Mémoire ; puiffiez-vous, encouragés par l'accueil favorable que reçoivent les productions de nos Artiftes, en faire éclôre un jour de femblables ; puiffiez-vous, animés par l'exemple de ces Hommes célébres, vous modeler fur eux & devenir leurs imitateurs ; heureux fi l'amour de la gloire eft le feul aiguillon de votre zéle ;

heureux, dis-je, si des soins affidus,
des travaux conftans vous enrichif-
fent de ces rares Talens , toujours
fuivis des applaudiffemens du Public
éclairé, toujours couronnés du fuf-
frage unanime des véritables Con-
noiffeurs.

F I N.

TABLE DES MATIERES.

Fin de la Table.

PRIVILEGE DU ROI.

LOUIS, par la Grace de Dieu,
Roi de France et de Navarre:
A nos amés & féaux Conseillers, les gens tenans
nos Cours de Parlemens, Maîtres des Requestes
ordinaires de notre Hôtel, Grand Conseil, Prévôt
de Paris, Baillifs, Sénéchaux, leurs Lieutenans
Civils & autres nos Justiciers. SALUT, Notre
amé le Sieur Du Perron, Nous a fait exposer
qu'il desireroit faire imprimer & donner au Public,
un Ouvrage, qui a pour Titre, *Discours sur la
Peinture et sur l'Architecture*. S'il nous plai-
soit lui accorder nos Lettres de Permission pour ce
nécessaires : A CES CAUSES, voulant favorable-
ment traiter l'Exposant, Nous lui avons permis &
permettons par ces Présentes, de faire imprimer
ledit Ouvrage autant de fois que bon lui semblera,
& de le faire vendre & débiter partout notre Royaume, pendant le tems de trois années consécutives,
à compter du jour de la date des Présentes; Faisons défenses à tous Imprimeurs, Libraires & autres Personnes, de quelque qualité & condition

qu'elles foient d'en introduire d'impreffion étrangere dans aucun lieu de notre obéiffance ; à la charge que ces Préfentes feront enregiftrées tout au long fur le Regiftre de la Communauté des Imprimeurs & Libraires de Paris, dans trois mois de la date d'icelles, que l'impreffion dudit Ouvrage fera faite dans notre Royaume & non ailleurs, en bon Papier & beaux Caractéres, conformément à la feuille imprimée, attachée pour modéle, fous le contrefcel des Préfentes, que l'Impétrant fe conformera en tout aux Réglemens de la Librairie, & notamment à celui du 10 Avril 1725, qu'avant de l'expofer en vente, le Manufcrit qui aura fervi de copie à l'impreffion dudit Ouvrage, fera remis dans le même état où l'Approbation y aura été donnée, ès mains de notre très-cher & féal Chevalier, Chancelier de France, le Sieur de la Moignon, & qu'il en fera enfuite remis deux Exemplaires dans notre Bibliothéque publique, un dans celle de notre Château du Louvre, & un dans celle de notredit trèscher & féal Chevalier, Chancelier de France, ledit Sieur de la Moignon, le tout à peine de nullité des Préfentes ; du contenu defquelles vous mandons & enjoignons de faire jouir ledit Expofant & fes ayans caufes, pleinement & paifiblement, fans fouffrir qu'il leur foit fait aucun trouble ou empêchement. Voulons qu'à la copie des Préfentes, qui fera imprimée tout au long, au commencement ou à la fin dudit Ouvrage, foi foit ajoûtée comme à l'Original : Commandons au premier notre Huiffier ou Sergent fur ce requis, de faire pour l'exécution d'icelles tous Actes requis & néceffaires, fans demander autre permiffion, & nonobftant clameur de Haro, Charte Normande & Lettres à ce contraires. CAR tel eft notre plaifir. DONNÉ à Compiégne, le vingt-neuviéme jour du mois de Juillet,

l'an de Grace mil sept cens cinquante-sept, & de
notre Régne le quarante-deuxiéme. Par le Roi en
son Conseil.

Signé, LE BEGUE.

*Regiftré sur le Regiftre 14 de la Chambre Royale
des Libraires & Imprimeurs de Paris, N°. 215, fol.
195, conformément au Réglement de 1723, qui fait
défenses, Art. IV. à toutes perfonnes, de quelques qua-
lités & conditions qu'elles foient, autres que les Libraires & Imprimeurs, de vendre, débiter & faire affi-
cher aucuns Livres, pour les vendre en leurs noms,
foit qu'ils s'en difent les Auteurs ou autrement; & à
la charge de fournir à la fufdite Chambre neuf Exem-
plaire prefcrits par l'Art. CVIII. du même Réglement.
A Paris, le 30 Aouft 1757.*

Signé, P. G. LE MERCIER, *Syndic.*

www.ingramcontent.com/pod-product-compliance
Ingram Content Group UK Ltd.
Pitfield, Milton Keynes, MK11 3LW, UK
UKHW022319070726
13614UKWH00002B/823